AF103259

www.ingramcontent.com/pod-product-compliance
Lightning Source LLC
LaVergne TN
LVHW041632070526
838199LV00052B/3325

* 9 7 8 9 3 5 8 7 2 9 5 0 4 *

دوسرا شجر
(طویل نظم)

شجاع خاور

© Shuja Khawar
Doosra Shajar *(A long Poem)*
by: Shuja Khawar
Edition: October '2024
Publisher :
Taemeer Publications LLC (Michigan, USA / Hyderabad, India)

ISBN 978-93-5872-950-4

مصنف یا ناشر کی پیشگی اجازت کے بغیر اس کتاب کا کوئی بھی حصہ کسی بھی شکل میں بشمول ویب سائٹ پر اَپ لوڈنگ کے لیے استعمال نہ کیا جائے۔ نیز اس کتاب پر کسی بھی قسم کے تنازع کو نمٹانے کا اختیار صرف حیدرآباد (تلنگانہ) کی عدلیہ کو ہو گا۔

© شجاع خاور

کتاب	:	دوسرا شجر (طویل نظم)
مصنف	:	شجاع خاور
صنف	:	شاعری
ناشر	:	تعمیر پبلی کیشنز (حیدرآباد، انڈیا)
سالِ اشاعت	:	۲۰۲۴ء
صفحات	:	۷۶
سرورق ڈیزائن	:	تعمیر ویب ڈیزائن

شجاع الدین خاں کے نام
جس کے چہرے سے دردِ زہ کے
اضمحلال کے اثرات کبھی کبھی مجھے
بڑھتا دیکھ کر غائب ہو جاتے ہیں۔

شجاع خاور

یہ گریزاں نظر پریشاں سی
ہر بلند و بلیغ سے بیزار
جانے کس روشنی پہ چھائیگی
کون سی رفعتوں پہ جائے گی
کس خدا کو زمیں پہ لائے گی
یہ گریزاں نظر پریشاں سی

الف ب ج سب
اپنے انداز سے سمندر کے آئینے میں
اپنے چہروں کو چاٹ رہے تھے ——
اس کنارے پر ایک شکل ابھرتی ہے۔
ان کے اچھے مگر
کمزور چہرے
پگھلنے
لگے۔
سمندر
کا آئینہ
اپنی ہی لہروں پر
بہتے بہتے .....

ش

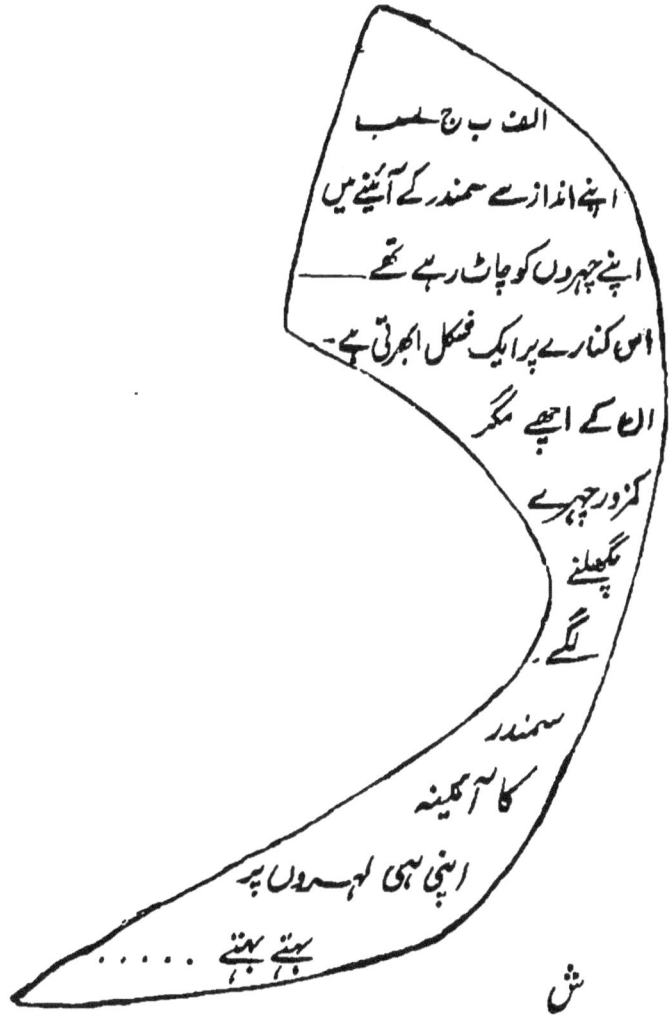

اب ادھر سے ایسا ہی ایک
چہرہ اُبھرے جو سمندر کے آئینے کو
اندھا کر دے جو الف بھی ہو اور ب
بھی ـــــ الف اور ب نے اپنے اپنے
چہرے تیاگ دیئے کہ یہ
گمبھیر
چہرہ
الف بھی ہے
اور ب بھی

ش خ

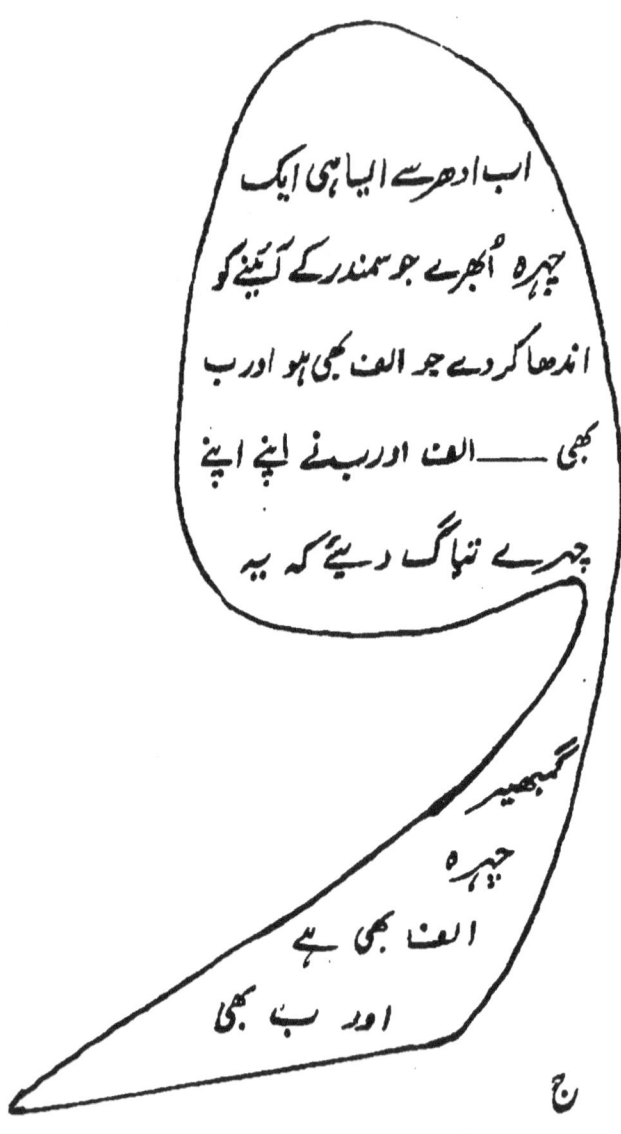

الف زمین پر قدم جملے گفتگو کرتا تھا اور رب بھی۔ ان کی آوازیں
ان کے چہروں سے سونگھی جا سکتی تھیں۔ سب کچھ زمین سے اٹھتی
ہوئی ہوا کی لہروں کے ارضی مفہوم کا
مرہون منت
ا

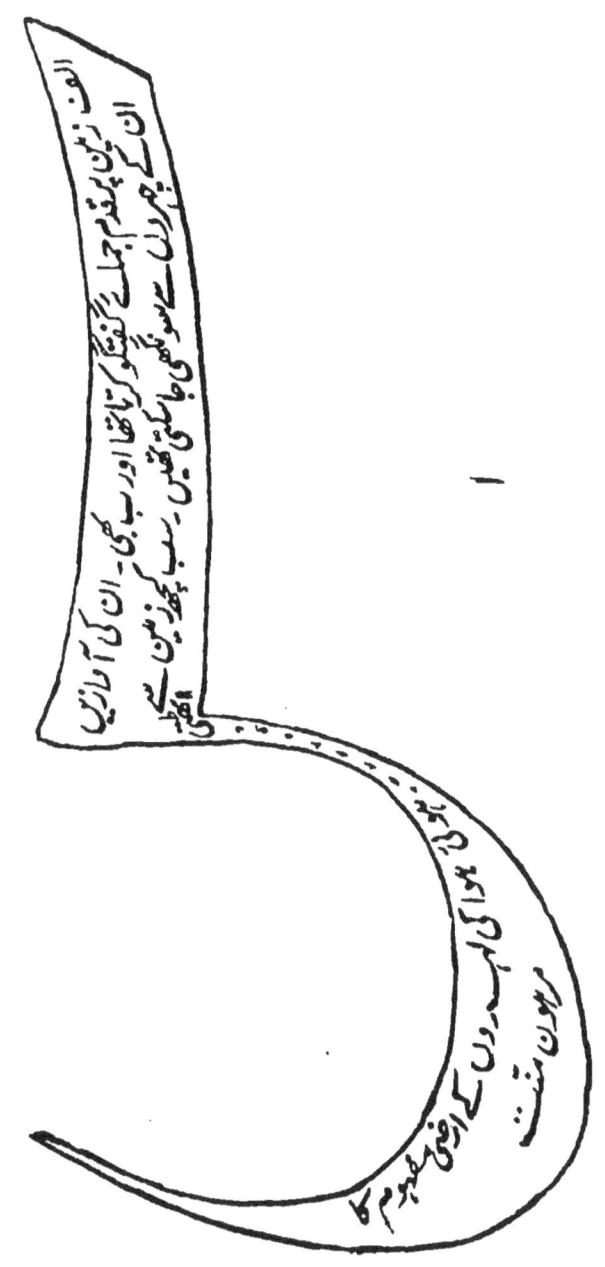

الف اور ب کے الفاظ اپنی اپنی جڑوں سے اکھڑ کر اڑنے لگے ہیں۔ الف اور ب اپنی ہم آوازوں کے ساتھ ٹوٹ گئے ہیں
وہاں ایک دوسری ہم آواز ناچنے لگتی ہے۔
ع

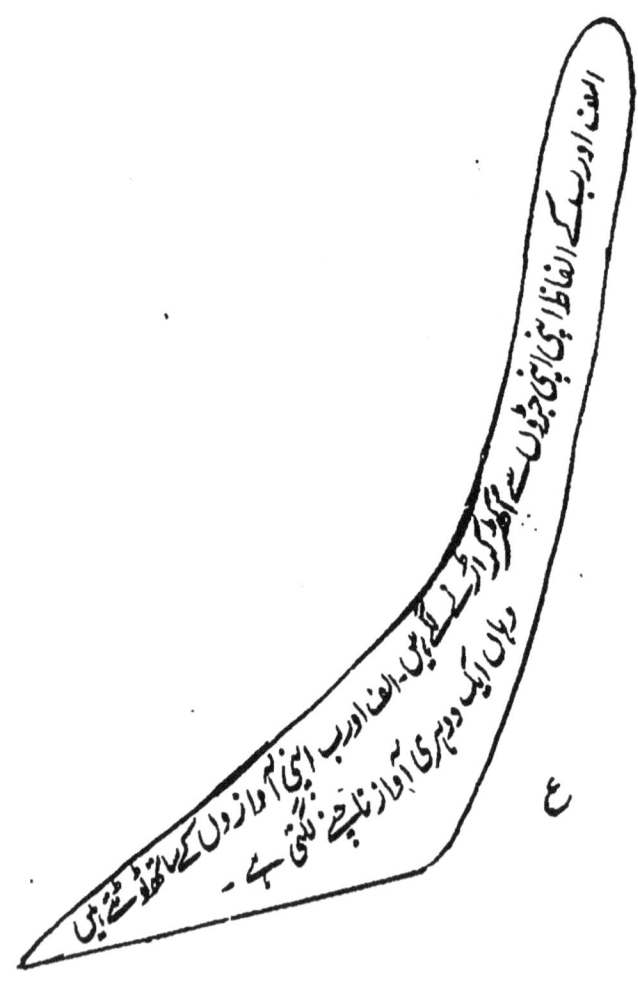

آوازوں کے
قدم اکھڑ اکھڑ کر
اوپر اٹھے۔ زمین
دور ہو گئی۔ یہ آوازیں
ٹوٹ گئیں۔ یہ آوازہ بننے کیلئے
۔ الف کے دائیں ب ج
آگے پیچھے س ش ص سب اپنے
قدموں سے خود کو دھکیلتے ہوئے
پہاڑ پر سرنگوں سا چڑھ رہے
تھے۔ الف کی دنیا
یہ۔ ب کی دوسری
اس کی تیسری۔
الف کا قدم یہاں
ب کا اِدھر
ش کا یہاں
س کا اُدھر

خ

سب کے
قدم
پہاڑ سے گم ہو گئے ہیں
پہاڑ کے ادھر چوٹی کے بجائے کچھ اور دکھائی دیا ہے. سب کے قدم اپنی
جاہوں سے بچھڑ گئے ہیں
سوچنا چاہتے ہیں.
ا

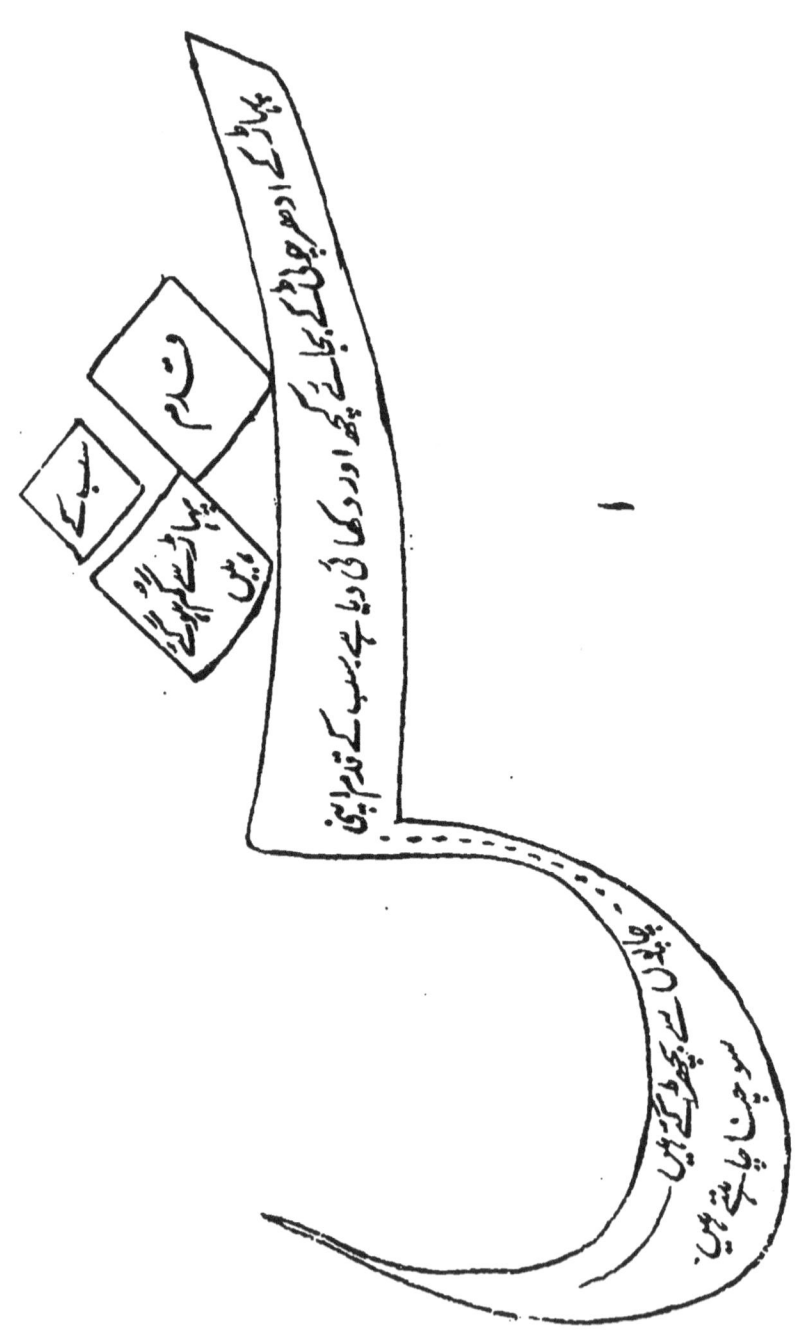

سوچ کے بدنما مگر
بڑے ملک
میں نہیں چلتے
محسوسات کے سکّے اپنی دنیاؤں کے ساتھ کھوٹے ہوتے جاتے ہیں
یہ خوبصورت مگر چھوٹے سکّے
و

شاعری کبھی کبھی ہی ہو پاتی ہے۔

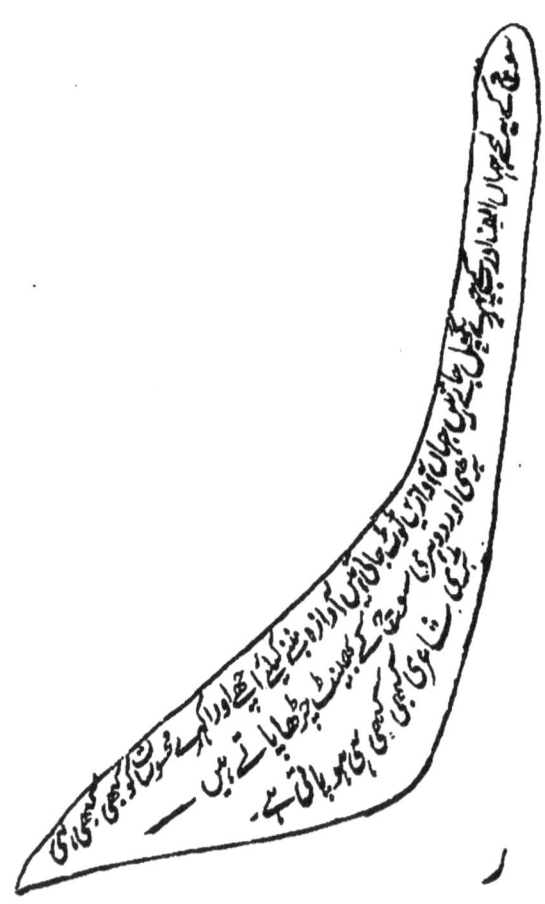

پھر بھی وہ یہ تو جانتا ہوگا
آگہی — ہاں وہی قلوپطرہ
آج مجھ سے ہوئی ہے ہم آغوش
میری جنت یہ آگہی کا محل
آگہی وہ مری قلوپطرہ
کبھی جس کے درِ شبستاں سے
میں نے پردہ اٹھا کے دیکھا تھا
اور میرے خدا نے جنّت سے
مجھے باہر نکال پھینکا تھا
میری معصومیت کی یہ لغزش
سرکشی کا گناہ ہو جیسے
اس کی پاداش مل گئی تھی مجھے

یعنی جنت بدر ہوا تھا میں
(یہ خدائے بہشت کہتا ہے)
سوچتا ہو گا اب بھی میرا خدا
آج تک کشتۂ عتاب ہوں میں

مجھے اب وہ بہشت گم گشتہ
اور قدموں تلے کی یہ جنت :
نیم بند کی آنکھ سے کوئی بچہ
خواب زاروں کی سرد وادی میں
کوئی جنت نما محل دیکھے
پھر کوئی بد نہاد عفریت آئے
خواب زاروں کا وہ حسین محل

اس کے ہاتھوں سے چھین کر لے جائے
اور سوتے ہیں روتے بچّے کو
ایک ارضی چمن سے کوئی ماں
ایک حسین پھول توڑ کر دیدے
جیسے جنت نما محل کا غم
اس حسین پھول سے غلط ہو جائے

جنّتِ گم شدہ کا غم کیوں ہو ۳۰
میں نے بھی اک بہشت ڈھالی ہے
خواب زاروں کی بات کیا معنی!
میری جنّت ہے چشمِ وا کی طرح
میری جنت ہیں خاک کا بستر

میری جنت میں نہریں پانی کی
یہ فلک بوس ہی نہیں ہے صرف
میری جنت میں ہر بلندی ہے
میری جنت بہت ہی اونچی ہے
میری خودداریوں کے سر کی طرح
ہائے یہ بے بہا فسوں کاری
یہ مری کاوشوں کی نیاری
یہ مری فتح مندیوں کے نشاں
جن پہ ہوتا ہے بس مرا ہی گماں
بھول جاؤں اگرکہ یہ سب کچھ
میرے ہاتھوں کی نقش کاری ہے
تو مجھے لمحہ بھر کو ان کے حضور

ایک احساسِ کمتری ہو جائے ۔

وہ بھی جنّت تھی یہ بھی جنّت ہے
پھر بھی اک فرق ایک فاصلہ ہے
وہ جو جنت تھی خواب زاروں کی
میں تو جزوِ حقیر تھا اس کا
اور یہ جنت تمام میری ہے
ہیں جہاں بے شمار حوّائیں
ہائے یہ بے شمار حوّائیں
یہ سراپا گناہ حوّائیں
جن کی ترغیب پر میں ہو کے سوار
اور بھی جنّتوں میں جا پہنچوں

کیا خدا اب بھی سوچتا ہوگا
آج تک کشتۂ عتاب ہوں میں
ہوں تو جنت بدر مگر پھر بھی
مطمئن ہوں بفیضِ خود میں نے
ایک جنت یہاں بنالی ہے۔

جب سے یہ میری چشمِ وا کی بہشت
میری آنکھوں سے بات کرتی ہے
سرکشی سے مجھے لگاؤ سا ہے
خودسری سے مجھے محبت ہے۔
آہ فطرت کے یہ حسیں شہکار
کہ ہیں بطنِ ازل سے شکل پذیر

اور ادھر سے نظر ملاتے ہیں
ان کے سائے میں جیسے کھاتا ہے
ایک احساسِ کمتری مجھ کو
اور میں شرمگیں نگاہوں سے
اس خدائے بہشت کا اب بھی
شکر کرتا ہوں پھر بھی لازم ہے
سرکشی کو پناہ میں رکھوں
خودسری کو نگاہ میں رکھوں

اب یہ کہنے میں بات جاتی ہے :-
کوئی لغزش نہیں ہوئی مجھ سے
ہاں بیانگ بلند کہتا ہوں

مجھ سے لغزش ہوئی ہے پھر بھی میں
اس پہ نادم تو ہو نہیں سکتا۔
سرکشی کو گناہ کرنا تھا
خودسری نے خود اختیاری میں
اس کا واحد جواز ڈھونڈ لیا
اب مری خودسری یہ تند رخی
کیسے نادم ہو کیوں خجل ہو جائے
وہ قلوپطرہ میری ہم آغوش
جس کے نا آشنا شبستاں میں
ایک بے نام سے تقاضے پر
کبھی جنّت بدر ہوا تھا میں ۹۰
آج ہیں نیم خواب نیم دراز

اس کی سانسوں کے شور میں گم ہوں
صبحِ نازائیدہ کے پرتو میں
میں جب اپنا مآل دیکھتا ہوں
آگہی یہ مری قلوپطرہ
مجھ سے کچھ اور کھلنے لگتی ہے

اور میں پھر ذرا جواں ہو کر
اس کی سانسوں میں ڈوب لیتا ہوں
اس کی سانسوں کا زیر و بم مجھ کو
ایک احساسِ فتح دیتا ہے
اور کچھ ڈوبتا ہوں میں — لیکن
اس کی سانسوں کی تہ نہیں ملتی
مثلِ حیوان ہو کے نا اندیش

آ گئے آئی ہوئی غذا پہ میں
بیقراری سے ٹوٹ پڑتا ہوں
اور میرا خدا سمجھتا ہے
آج تک کشتۂ عتاب ہوں میں

آفریں ایسے پلٹے لغزش پر
جس کی معتوب لڑکھڑاہٹ بھی
آگہی کے محل میں لے جائے
آگہی — ہاں مری قلوپطرہ

طفلکِ شیر خوار
اپنی مادر کے سینے پہ ہو کر سوار
ایک معصوم سی سرخوشی میں مگن
خوب کلکاریاں بھر رہا ہے۔
کبھی زعمِ ہستی کے میٹھے نشے میں
کبھی ناگواری کے انداز میں
سر ہلاتا ہے یوں
جیسے آغوشِ مادر سے بیزار ہو
اور فوری خلاصی کی مبہم سی خواہش کی تکمیل کی آرزو
اس کے شفاف دل کو مکدر کیے جا رہی ہو

مادرِ مشفق و مہرباں
اس کی کلکاریوں میں ہے کھوئی ہوئی
طفلکِ شیر خوار
ایک انجان سے جذبۂ خود نمائی کی آواز میں
مادرِ مشفق و مہرباں کو کچھ ایسے بلاتا ہے
اور اس کی پستان سے ہو کے سیراب
اک ناگواری کے انداز میں اس طرح دیکھتا ہے
کہ بس شیر خواری پہ مجبور ہو!

آدمی کے تنزل کی خاشاک سے
ہاں گناہ ازل کے شرر کی دبی راکھ سے
خونفشاں گرم انگارے اٹھ کر

حقیقت کی بیباک تصدیق کرتے ہیں
ہاں یہ حقیقت ہے، زندہ حقیقت
کہ یہ آدمی کچھ ہماری ہی تاثیر کا ایک پرتو ہے
ولیکن یہ پرتو! اک اپنے ہی مرکز سے
بڑھتا چلا جا رہا ہے
ہمیں دیکھنا تھا یہی
اپنی سوچوں پہ کوئی بھی حد بندی اس کو گراں ہے
یہ جب سوچتا ہے تو آزاد ہوتا ہے
ہر قید سے
ہر روایت سے
قیدِ زماں سے
حدودِ مکاں سے

ہر اک خوف سے
ہر عقیدے سے
اور خود ہمارے تصور سے بھی !

پھر بھی ہم تو خدا ہیں
خدائے زمیں ہیں خدائے زماں ہیں
ہماری نظر میں یہ کرمِ حقیر
اس کی آنکھیں ہماری نظر سے ملیں
یہ ہماری خدائی کو ہرگز گوارا نہیں
آدمی — یہ ہمارا بنایا ہوا آدمی
خود فریبی میں جو
اپنے احساس کی شورشوں کا گلا گھونٹنا چاہتا ہے

یہ شوریدہ سر
خودسری، سرکشی، تندروئی کے قدموں میں
خود اس کے احساس کا ایک شوریدہ سر رو رہا ہے
یہ خود اس گراں بار احساس سے آج روکش ہے
کترا رہا ہے
کہ یہ ایک شوریدہ سر بھی ہے
صرف ایک خودسر نہیں ایک سرکش نہیں
اس کی خود ساختہ یہ بہشت کبیر
اس کا زنداں ہے
اور آدمی ——— بیکراں آدمی
اپنی خود ساختہ اور حقیقی بہشت گراں قدر میں
قید ہے۔

اس گرانبار احساس کا ایک شوریدہ سر
گر ہی دے گا اسے نیم جاں

ہم کبھی بھول سکتے نہیں
آدمی جو ہمارا گنہگار ہے
ایک مجرم تھا یہ
ہم نے اپنی خود آثار قدرت کے گنج گراں مایہ
پھر بھی دیئے تھے اسے
آج خود اک بہشت کبیر اس نے تعمیر کر لی ہے
کیا یہ بہشتِ کبیر اس کا زنداں نہیں ؟
اب جبینِ خدائی بھی زور شکن سے تنی جا رہی ہے
کہ اب ہو گئے ہیں ہم

اس وجود نگر آدمی کے رقیب
ہم خدائے زمیں
ہم خدائے زماں

ہمارے بحر و بر دشت و جبل تو رزق تھے اس کا
ہماری رحمتوں سے ہی تعلق تھا کبھی جس کا
پر اس کو شکوۂ کوتاہیِ پرواز کرنا تھا
رقابت کا ہمیں بھی کچھ نہیں آغاز کرنا تھا
اگر یہ چوں چرا کے خارزاروں میں نہ آجاتا
زباں دانی کے زہر آلود اشاروں میں نہ آجاتا
تو ہم تسکیں کے دروازے پھر اس پر کھول سکتے تھے

ہمارے بحر و بر اس کی زباں میں بول سکتے تھے
مگر اس نے ہماری آن کو مجروح کر ڈالا
طلسمِ رنگ کو بے رنگ اور بے روح کر ڈالا
ہم اس کے زعمِ خود کاری کا دامن چاک کر دیں گے
سزائے جرمِ این و آں ۔ جلا کر خاک کر دیں گے
اسے ہم علم کے لپکے ہوئے شعلوں میں جھلسا دیں
جو چاہیں تو خود اس آگہی کے خوں میں نہلا دیں
یہ خود سر، خود نگر، خود آشنا سرکش ۔ مگر مجبور
یہ اپنی جنّتِ خود ساختہ میں ہے مگر محصور
اگر یہ بات اس کو آج بھی محسوس ہو جائے
تو ہو کر خاک اپنے آپ میں محبوس ہو جائے ۔
حقیقت ہے کہ ثبت ہیں ہمارے سارے موجودات

ہماری ہستیٔ خود آفریں اثبات ہی اثبات
زمیں پر آدمی کی سب کی سب آرائشیں منفی
ہمارے بحر و بر مثبت ہیں اس کی کاوشیں منفی
زمیں کے تنگ سینے سے نکلتی وہ بہشتِ نو
کبھی کے راندۂ فردوس کی وہ سرگذشتِ نو
ہمارے حسن کی پیہم نفی کی اک کہانی ہے
یہ پھر بھی نقشِ اول ہے وہ پھر بھی نقشِ ثانی ہے
یہ سارے کوہ و دریا بحر و بر دشت و جبل سب کچھ
امڈتے گونجتے سیلاب طوفانوں کا بل سب کچھ
یہ باد و برق و باراں سب زمیں پر قہرماں ہوں گے
ہمارے ترجماں ہوں گے ہمارے ترجماں ہوں گے
حقیقت ہے کہ پہلے بھی ہمارے ترجماں ہی تھے۔

یہ سب طوفان پہلے بھی زمیں پر قہرماں ہی تھے
مگر وہ علم آدم زاد وہ سنگین تدبیریں
وہ اس کے حکمت و اعجاز کی پُر پیچ زنجیریں
وہ منصوبوں کی یلغاریں وہ خودکاری کی تلواریں
اور اُن سب پر ہمارے ترجمانوں کی یہ للکاریں
ہوئی جاتی ہیں اُن سب کا تضاد آہستہ آہستہ
چلا آتا ہے اک شورِ عناد آہستہ آہستہ
ہم اپنی نعمتوں کو در پہ نبیلاد کر دیں گے
بہشتِ نو میں اپنے قہر کو آباد کر دیں گے
ہم اس کی کاوشوں کے زعم کو سولخت کر دیں گے
کہ اس کے علم سے اپنا تصادم سخت کر دیں گے
مگر یہ کیا ؟! ہمارا قہر جبّاری حزیں کیوں ہے !

نہیں!؟ تو پھر کسی بے بس کی صورت خشمگیں کیوں ہے؟

آپ جل جائیگا خود سوز پتنگے کی طرح
حکمت و علم کے جلتے ہوئے میدانوں میں
کر کے محروم اسے دل کی خنک کاری سے
پھونک ڈالیں گے دماغوں کے بیابانوں میں

آدمی خارجی خطرات پہ چھاتا جائے
ہم اسے اس کی حرارت سے جلا سکتے ہیں
خود اسے اس کی پناہ گاہ میں گم کر دیں گے.
ہم اسے اس کی نگاہوں سے چھپا سکتے ہیں

ہو کے رہ جائے گا جب عقل و خرد کا فتنہ
اور ادراک کے طوفان میں پھنس جائے گا۔
احتیاط اور تدبّر کی عملداری میں
ایک بے وجہ تبسّم کو ترس جائے گا

اپنی تقدیرِ ازل کے ورقِ سادہ پر
کیوں یہ الفاظ و معانی کئے جاتا ہے رقم
ہم سمجھتے تھے کہ سادہ ہی رہے گا یہ ورق ۲۴۰
کیوں اب اس راندۂ جنّت نے سنبھالا ہے قلم

آدمی راندۂ فردوس۔ یہ لوحِ سادہ
علم و ادراک کا شیطان ہوا جاتا ہے۔

ہم نے معتوب کیا تھا اسے سادہ رکھ کر
یہ تو تحریر سے قرآن ہوا جاتا ہے

ہم یہ الفاظ یہ تحریر نہ کیوں الجھا دیں
آدمی اپنے ہی الفاظ سے سر پھوڑے گا
جب اسے اپنی ہی تفہیم گراں گذرے گی
ہو کے بیزار یہ تب اپنا قلم توڑے گا
جس زمیں کو کبھی رحمت کی اماں بخشی تھی
اس زمیں پر ہی بہیمانہ نظر رکھیں گے
ہاں اب اس راندۂ فردوس کی جنت پر ہم
بہر انداز رقیبانہ نظر رکھیں گے۔

"آدمیت" کے نمائندہ گرانبار اصول
اس کے بے ضابطہ رجحان سے ٹکرائیں گے
مصلحت زاد ہمارے یہ خدائی احکام
اس کے خود آفریں وجدان سے ٹکرائیں گے

وہ تو کچھ "حکمتِ اخلاق" نظر رکھتی ہے
ورنہ یہ آدمی کچھ اور جواں ہو جاتا
یہ کہن سال عتاب ایک زباں بندی ہے
ورنہ یہ اور رواں اور رواں ہو جاتا

اس کی نو زائیدہ بیباک نگاہی کا رقیب
رحمت انداز ہمارا یہ کہن سال عتاب

اب یہ خود اپنے ہی جلوے کو ترس جائے گا
اس کی آئینہ رخی اور یہ تہ دار حجاب،

ہاں ابھی اور سنورا اور سنورا اور سنورا
اور ابہام کے پردوں کو اٹھا دیں گے ہم
اس کی آنکھوں میں چبھو دیں گے اجالے کی کرن
اس کے ہیجان کو کچھ اور بڑھا دیں گے ہم

آگہی کرب کی دیوار کا دل ۔ (فردِ جرم) ۲۷۰
یہ "قلوپطرہ" کہ آدم سے ہوئی ہم آغوش
ہم اسے اور حسیں اور جواں کرتے ہیں
اور ٹکرائے گا سرِ ہوش کے عرفان کا جوش

اور سہمے گا یہ اب خفّت ناکامی سے
اور بڑھ جائے گی کچھ ساز تجسس کی بھی لے
غیر ممکن ہے قلوپطرہ کی سانسوں کا شمار
آگہی جرم بھی ہے جرم کی تعزیر بھی ہے۔

ایک خدشۂ موہوم ایک جبرِ نامعلوم
ساعتوں کے سینے کو پائمال کرتا ہے
اک سکونِ جاں فرسا دل پہ حکمراں، جیسے
شورشِ زباں دانی شورِ حمد میں گم ہو
رحمتوں کی یلغاریں ہیبتوں کی دیواریں
سرکشی کی ہمّت کو پست کر گئیں، جیسے
ہیبتوں کی دیواریں، معبدوں کی محرابیں
شوقِ سجدہ ریزی کو دے رہی ہیں آوازیں
ہر عضوِ جان و تن مائلِ ثنا خوانی
اور ادھر نہ جانے کیوں اک نوائے طفلانہ

آتی ہے دبے پاؤں ذہن کے دریچے میں:
سجدہ ریزیوں کا نام سجدہ ریزیاں رکھنا
ناگزیر ہو تو ہو ناگوار بھی تو ہے
آؤ سجدہ ریزی کو کہہ لیں اب خدا سازی

سیر بہ بحرِ بے پایاں جس کا ہے مہا موتی
میرا ذہنِ لاہوتی جس کا حاصلِ پرواز
یہ بہشتِ نو جس پہ آج ناز ہے مجھ کو
بے بسی کی خفت سے شرمسار ہوتا ہے
جب مری یہ دکھتی رگ یعنی تن یہ میرا تن
مادّی خدائی سے تھک کے ہار جاتا ہے

اب یہ تو پھر بھی اچھا ہو گر نجات مل جائے
لیکن اس طرح مجھ کو کیوں نجات مل جائے
(ذہن پھر بھی رہتا ہے خفّتیں اٹھانے کو)
ہاں یہ بادِ سرد و گرم ایک صورِ اسرافیل
جب مرے رگ و پے سے خون کھینچ لیتی ہے
اور جب خموشی کی زد پہ آ کے گرتا ہے
زندگی کا آوازہ — یہ بلیغ آوازہ
بے بسی کی لے میں پھر مادی خدائی سے
احتجاج ہوتا ہے التجا کے پردے میں
کب یہ سر اٹھانے کا مجھ میں حوصلہ ہوگا
ہائے کب مرے سر سے میرا تن جدا ہوگا
اور ادھر مری میراث یعنی یہ مرا احساس

جیسے آخری خواہش بدنصیب مجرم کی
لیکن آخری خواہش جس سے اذن مل جائے
ایک بار حاکم کی مطلق العنانی سے
بدنصیب مجرم کو باز پرس کرنے کی
مسند عدالت پر بیٹھ کر مرا احساس
آج میرے حاکم کی مطلق العنانی سے
خود مری سزاؤں کا احتساب کرتا ہے
مطلق العنانی پھر مطلق العنانی ہے
لاجواب ہے پھر بھی احتساب جاری ہے
ساعتوں کا یہ حاکم یعنی یہ مرا احساس
مطلق العنانی کو مطلق العنانی پر
شرمسار کرتا ہے لاجواب کرتا ہے

خفت خجالت سے شورش ندامت سے!

اُف یہ مصلحت زادے ایسے اصول ہیں صالح
جن کے جال میں آ کر جنکے سائے میں پل کر
رحمتیں بھی ایذا کوش سرمگی بھی چشم آشوب
انکی آندھیوں کا شور انکے زلزلوں کی خاک
سارے آئینہ خانے ہو گئے ہیں گرد آلود
جیسے اپنی صورت کا دیکھنا بھی مشکل ہے
جذبۂ رہائی پر یہ نگاہ یزدانی —
جانے کب سے جابر ہے کب سے ظلم کرتی ہے
ضابطوں کی یہ سازش جانے کب سے ہوتی ہے

اپنی "حکمتوں" کے حکم اور ان کی پابندی
ان کی "عظمتوں" کا ہاتھ گھونٹتا ہے دم کیا کیا
اضطرابِ خودسوزی لاعلاج ہوتا ہے
سلب ہوتی جاتی ہے جیسے قوت پرواز
جیسے سُن نہیں پائے کوئی اپنی ہی آواز
اور لمحہ لمحہ یہ کنمنا ہٹیں جیسے ——
اُگ رہے ہوں ہاتھوں پر سر بلند تیشے کچھ
خودسری کے آوازے جا بجا فضاؤں میں
بے نوائی کے سر میں خود نوائی کا سودا
خفّتِ خموشی بھی نعرۂ زباں دانی
اُس بہشت کو پہنچا اِس بہشت سے پیغام:
یہ بہشت کرلی ہے آج ہم نے اپنے نام

اور زمین ایسی ہی۔ آسمان ایسا ہی
گردشِ زماں جو تھی صورتِ مکاں جو تھی!!
پیڑ یوں ہی ساکت ہیں، باد یوں ہی چلتی ہے
یوں ہی بہتے ہیں دریا یوں ہی کشت پھلتی ہے
دشت و کوہ جامد ہیں بام و در بھی ساکت ہیں
اک نظام یوں ہی تھا اک نظام یوں ہی ہے
خودسری کے آوازو! کیا کوئی جواب آیا!

آنکھوں کی یہ دوزخ یہ نگاہوں کا جہنّم
یہ جلتے ہوئے بام و درِ افکار کی لو سے
یہ لحظہ بہ لحظہ مرے خوابوں کی شکستیں

ہر آن ڈرانے ہوئے پُر ہول، گرانبار
منہ کھولے ہوئے سخت و دل آزار حقائق
مضبوط، قوی، تندرو، بیساختہ وحشی
احساس ہو جیسے کسی بے حس کا۔ مگر کیوں!
ہاں سارے حقائق یہ دلِ آزار حقائق
سب میری ہی جنّت کے حقائق ہیں مرے ہیں
شاید یہ اسی واسطے چبھتے ہیں نگہ میں
گھبرا کے کسی طور میں آنکھوں کو کروں بند
یہ مصلحتِ خام مگر پھل نہ سکے گی
ہاں میری نظر وا ہے یہ اب وا ہی رہیگی
افکار کی گرمی سے جھلستا ہوں تو کیا ہے
ذہنوں کی گرانباری سے دبتا ہوں تو کیا ہے

کیا ہے جو دماغوں کی تپش سخت ہی مجھ پر
کیا فکر جو بے وجہ تبسم بھی گراں ہے
کانٹوں پہ دماغوں کے جو چلتا ہوں تو کیا ہے
اب بھی دلِ گُم گشتہ کے تاروں پہ نظر ہے

یہ فخر سے اکڑے ہوئے ذراتِ بہشتی
یہ تمکنتِ ہست میں سرشار در و بام
پندار کے نشّے میں سر اونچا کئے اشجار
بہ کج کلہی شاخ کی غنچے کی ثمر کی
اک زعم میں تنتا ہوا یہ سینۂ کہسار
یہ دشت و جبل، ارض نباتات و جمادات

اک بانکپن ان سب کے تکبّر سے عیاں ہے
سرشار ہیں یہ سب مری قربت کے نشے میں
جیسے مری قربت کی شراب آبِ وضو ہو
اور کر کے وضو محو ہوں سب حمد و ثنا میں
(جیسے یہ فرشتے ہوں مری جنّتِ نو کے)
کیا میرے فرشتے ہیں یہ میں ان کا خدا ہوں!!
خاکم بہ دہن آج یہ کیا سوچ رہا ہوں

ہاں میرے تدبّر کی سم آلود نظر سے
ہر موجِ بلا زاد نے کھائی ہیں شکستیں
ہاں چیر گئی میری نظر سینۂ ذرّات

سفاک ہے جابر ہے مرے ہاتھ کی گرمی
تسخیر کئے ہیں مرے ہاتھوں نے سمندر
دریاؤں کے سینے مرے قدموں کے تلے ہیں
ہاں میں کہ پہاڑوں کے جگر کاٹ چکا ہوں
اک پھول کا سایہ بھی ڈرا دیتا ہے مجھ کو
اک پھول کی گرمی سے ٹھٹھرتا ہوں کبھی میں
اک پھول کی ٹھنڈک میں پگھلتا ہوں کبھی میں
میں کتنا قوی، کتنا ذکی کتنا بڑا ہوں!!

خود اپنے ہی ہاتھوں مجھے زہراب ملا ہے
زہراب جو میں نے انہی ہاتھوں سے پیا ہے

خود اپنے ہی ہاتھوں سے بنائی ہیں صلیبیں
اور اپنے ہی قدموں سے صلیبوں پہ گیا ہوں
جس تیشے سے لایا ہوں پہاڑوں میں جوئے شیر
شوریدہ سری میں اسی تیشے سے گرا ہوں
خود کو کبھی اپنے ہی شکنجوں میں کسا ہے
ٹھہرا ہوں کبھی اپنی تباہی کا سبب بھی
اور اپنی تباہی کی یہ روداد یہ نوحے
سو بار کئے ہیں رقم اپنے ہی قلم سے
دیکھ کیا کہ خدا اور کوئی اور کوئی ہے؟!
کیا جرم تھا میرا کہ نہیں میں ہی خدا بھی
یہ دشت و جبل، ارضِ نباتات و جمادات
یہ شاخیں یہ اشجار یہ مصروف مناجات !!

یہ حمد و ثنا زاد یہ احساس سے عاری
ہیں صرف انہی چند فرشتوں کا خدا ہوں!

ممکن ہے کہ اس کا مجھے احساس نہیں ہو ۱۰/۱۰
اور پیش ازل خود مری تخلیق کی صورت
اس ہستئ واحد نے کوئی کام کیا ہو
(مجھ ایسے ذکی مجھ سے قوی کو کیا تخلیق
کیا اس سے عظیم اور کوئی کام بھی ہوگا؟)
شاید اسی عظمت کے تصور نے اسے بھی
پندار خدائی کا فسوں بخش دیا ہو
ایسا ہی ہوا ہوگا یقیں آنے لگا ہے
ورنہ پھر اسے کس نے دیا حق خدائی؟؟!

اک شوق کہ کھُل کر ہو گُل افشانیٔ گفتار
اک لاگ کہ احساس ہی مر جائے تو اچھا
جذبات کہ خاموشی کہیں جان نہ لے لے
ادراک کہ یہ لمحہ گذر جائے تو اچھا
ایمان کے ہونٹوں پہ کوئی مرثیہ جیسے:
"دستِ تہ سنگ آمدہ پیمانِ وفا ہے"
وجدان کی آنکھوں میں کوئی زمزمہ جیسے:
دست تہ سنگ آمدہ پیمان وفا ہو
کیا مرثیہ خوانی کا سبب، ہاتھ تو دو ہیں
اک ہے تہ سنگ آمدہ جو ٹوٹ چکا ہے
اور دوسرا یہ برسرِ سنگ آمدہ کب سے
پہلو میں پڑے تیشے کی جانب نگراں ہے

اغلب ہے عجب کیا ہے جو تیشے کی مدد سے
اس سنگ گراں بار کو سونخت ہی کر دے!

اُف جنتِ گم گشتہ کے یزداں کا تکلّف:-
جیسے سرِ افلاک پہ آیا ہوا سورج
آگے نہ بڑھے دن نہ ڈھلے شام نہ آئے
سرمست ہو سورج کے جلے کا پجاری
اک ماہ ہو اک سال ہو پھر ایک صدی ہو
صدیاں اس سورج کی نگاہوں میں اُتر جائیں
پھر جیسے وہ سورج کے اجالے کا پجاری
سوچے پہ نہ کر پائے عبا اپنی دریدہ
اُف جنّتِ گم گشتہ کے یزداں کا تکلّف!

سرکش بھی بہت ہیں مری جنت کے فرشتے
ممکن تھا یہاں سینکڑوں ابلیس جواں ہوں
لیکن مجھے اس کا کوئی خدشہ ہی نہیں ہے
میں خود ہی مکمل ہوں۔ بہرحال مکمل
ابلیس بھی مجھ ہی میں ہے یزداں بھی مجھی میں
اچھا ہے کہ فردوس کا یزداں ہی نہیں ہیں
اچھا ہے کہ محفوظ ہے خودساختہ جنت
باہر کے ہر اک فتنۂ ابلیس صفت سے
لیتا ہوں میں اب اپنے گناہوں کی سزا آپ

پھر کیوں ہے یہ شوریدہ سری کیسا ہے یہ کرب
جیسے مرے سانسوں کے شبستاں کا کوئی راز

جو آج میں خود سے بھی چھپانے پہ تُلا ہوں
یہ شورشِ احساس تو کر سکتی ہے خاموش
خود میری ہی آواز کی افلاک زنی کو
اس کرب سے فی الحال مفر چاہیے مجھ کو
اس شورشِ احساس کو کرنا ہے ابھی خاک
الفاظ کی ہیبت کا شرر چاہیے مجھ کو
میں اپنی ہی جنت کی خدائی میں۔ مگر قید!
یہ ماننا اب میری شریعت میں ہے ممنوع!
اب وقت ہے اس شورشِ احساس سے کہہ دوں
خود ساختہ فردوس کی یہ ساری بہاریں
یہ محو مناجات فرشتوں کی قطاریں
سب میری ہیں پھر بھی مرا نکبہ نہیں ان پر

خم ہیں سرِ تسلیم مرے آگے۔ پہ خود بھی
اب اپنی پرستش کی ادا ڈھونڈ رہا ہوں
میں اپنا خدا ، اپنا خدا اپنا خدا ہوں۔

نہیں نہیں، میں خدائے کُل ہوں
نہیں کسی نے مری خدائی کی تمکنت کو
نزار و نالاں ۷۰ء
نہیں کیا ہے
کسی نے بھی شرمسار اب تک نہیں کیا ہے
عظیم احساس داوری کو
نہیں کسی نے نہیں کیا ہے خجل
سرشت انانیت کو
مری ادائے طلسم سازی
وہ میرا پندار بے نیازی

سبھی تنومند جیسے پہلے تھے

آج بھی ہیں

نہیں کسی کی نظر نہیں مل سکی ابھی تک مری نظر سے

نہیں۔ نہیں

'آدمی'؟

یہ کرم حقیر تھا

"نھا۔" ؟!

نہیں ابھی تک۔ مری نظر میں حقیر ہے یہ

ازل کا سورج

زمیں کی تاریکیوں کو جس نے

متاعِ انوار سے نوازا

ہزار انعام نور بخشے
بس اب کوئی لمحہ جا رہا ہے
ازل کا یہ لازوال سورج
زوال کی زد پہ آ رہے گا
ہوائے مغرب کے تند جھونکے
پھر اس زمیں کی کتاب کے ہر ورق کو
پیچھے الٹ کے ہی سانس لے سکیں گے
زمین کی یہ کتاب!
جس کی ضخامتِ بیکراں کا احساس
اور کچھ سربلندیاں دے رہا ہے
اس آدمی کے سر کو

یہ طول و عرض آج جیسے محدود ہو گیا ہے
یہ وسعتیں جیسے لمحہ لمحہ سمٹ رہی ہیں
گذر کے آیا ہے روشنی کے ہزار زینوں سے
پائے آدم
بلندیٔ لامکاں پہ
ایسی بلندیٔ لامکاں
کہ خود قدِ آدم اس کے مقابلے میں حقیر ہے
اور جس سے یہ خود بھی ڈر رہا ہے
یہ روشنی کے ہزار زینوں کا نقطۂ ارتفاع
جو آدمی کی اب تک کی کاوشوں کا ہے
سب سے اونچا نشاں
جہاں روشنی کا نقطہ

خود اپنی ہی روشنی میں گُم ہوتا جا رہا ہے
بس اب وہی لمحہ آ رہا ہے
کہ رفعتوں کا ہی پیر پھسلے
اسی بلندی کے نقطۂ ارتفاع سے
آدمی گرے اور اپنے ملبے میں دب کے رہ جائے
اس حرارت سے آپ جل جائے
روشنی کی جو کھان ہے اب
جو اس بلندی جو اس حرارت کا سب سے اونچا نشان ہے اب

۵۲۰
زمین جنت تو ہو گئی ہے
مگر ابھی اس میں اک کمی ہے
ہمارے ہاتھ اس زمیں کی تکمیل اب کریں گے

کہ آدمی کی ہر اک نوا سے
زمیں ہم آہنگ ہو رہی ہے
زمین کی یہ ادھوری جنت
ہر ایک شور و شر سے محفوظ
آدمی بھی اب اسکی ساری لطافتوں کو ہزار پہلو سے دیکھتا ہے
یہی مناسب گھڑی ہے جس میں
ہم اس کا پندار چور کرنے کو
ایک سازش کریں گے
جس سے
یہ سارا زعم زبان داتی
یہ سارا طوفان بدکلامی
یہ ایک جنت کے والی ہونے کا سخت پندار

سارے احساس ختم ہوں گے
اور اس طرح جذبۂ رقابت
ہمارا جذبہ
جو اَب حدِ انتقام تک آگیا ہے۔
آسودہ ہو ہی جائے گا
ہم بہشت زمیں کی تکمیل کر ہی دیں گے ۵۴۰

یہی گھڑی ہے
کہ آدمی کے قد آور اثبات کی نفی ہو
کہ اس کا سویا ہوا تکون بھی جاگ جائے
یہی گھڑی ہے
کہ ہم زمیں کی ادھوری جنت کو

حسن تکمیل سے نوازیں :
بلندیوں کا یہ نقطۂ ارتفاع خود
اس ادھوری جنت کا شجر ممنوعہ بن کے رہ جائے ۔

ابھی ابھی نہیں ابھرا یہ شجر ممنوعہ
وجود اس کا کہن سال ہے مری ہی طرح
مگر تلاش میں پھیلی ہوئی مری نظریں
ابھی بہشت کی اس سمت آ کے ٹھہری ہیں
جہاں ازل سے کھڑا ہے یہ شجر ممنوعہ
ابھی ابھی تو بتایا تھا میرے حاکم نے :-
(وہ ایک فطرت یزداں جو خود مجھی میں ہے)
کہ اس کی کوکھ میں لگتا ہو یہ کالا پھل
جو خود ہی رہتا ہے محصور اپنی فطرت میں
زمین پر کبھی از خود تو گر نہیں سکتا

جو ہاتھ سے کبھی توڑا گیا یہ کالا پھل
بہشت رنگ کو کر دے گا خاک کا تودہ
قریب گوش نظر دل کے ہونٹ ہلتے ہیں
کہ یہ زمین کی جنت کہ یہ بہشت کبیر
خدائے عرش کی آنکھوں میں بھی کھٹکتی ہے
وگرنہ اس کو خود آثاریت کے نشّے ہیں
مجھی کو بار خجالت سے زیر کرنا تھا
(پھر ایک بار جو کرنا تھا راندۂ جنّت)
تو اس کے واسطے کافی تھا شجر ممنوعہ
مگر بہشت زمیں کا یہ شجر ممنوعہ
کہ خود بہشت کی تخریب کا سبب بن جائے
یہ سرخ پھول تو ممنوعہ ہو نہیں سکتے

کہ سرخ پھول تو آتے ہیں میرے ہاتھوں میں
ہر ایک شاخ سے بیساختہ ہزاروں بار
ابھی ابھی تو انہیں سرخ سرخ پھولوں نے
زمیں کی جنت نوزائیدہ کے پیکر کو
نیا جمال نئے رنگ کی جلا دی ہے
ہر ایک سمت نئی روشنی بہا دی ہے۔
دیا ہے زور نیا میرے دست و بازو کو
نیا غرور دیا ہے مری اداؤں کو
یہ سرخ پھول تو ممنوعہ ہو نہیں سکتے

لو جاگ اٹھا وہ تلوّن —— مری بلیغ ادا
جو ایک جنت خاموش چھوڑ آئی تھی

شجر کے سائے میں کالے پھلوں سے ملنے کو
تلاش و شوق میں وہ اُٹھ رہا ہے میرا ہاتھ
کہ دیکھ دیکھ کے زہریلے سانپ کے تن پر
حسین دھاریاں کچھ دلفریب رنگوں کی
ہمک ہمک کے اٹھے کوئی طفلک ناداں
اور اشتیاق میں بڑھ جائے سانپ کی جانب

اِدھر بہشت بدر ہونا میری قسمت ہے
نئی زمیں نئی دنیا اُدھر مراحق ہے
مجھے بہشت تو ملتی ہے لیکن اس کے ساتھ
مری بہشت میں ہوتا ہے شجرِ ممنوعہ
شجر کھڑا ہے، یہ جنت ہے، اور مَیں زندہ ہوں

مگر نگاہ تو ساکت ہے اک زمانے سے
شرار ہے کہ نگاہوں سے لے رہا ہے خراج
طلسم ہے کہ دماغوں کا خون کرتا ہے
وہی بہشت وہی ہیں بہشت کے منظر
نہ جانے کتنے زمانوں کا خون چوسے ہوئے
نظر جو اَب بھی نہ اکتائے تو نظر کیا ہے

لو پھر کھِلا وہ تلوّن وہی بلیغ ادا

یہ روشنی کا محل منزلِ فقط ہی نہیں
یہاں نگاہ جو ٹھہر گئی تو کیا ہو گا
کہ اب نگاہ میں اک درد جمتا جاتا ہے

نجات صرف اسی طور اب تو ممکن ہے
کہ اس جمود کو توڑ دوں میں کالے پھل کے ساتھ
کہ روشنی کا محل ہی تباہ کر ڈالوں
نظر کے سامنے آجائے پھر نئی دنیا
اسی طرح اب اس آزار سے مفر مل جائے
بہشت زیر و زبر ہو تو اپنا گھر مل جائے
یہ ٹھیک ہے کہ نگاہیں وہاں بھی رک نہ سکیں
وہاں بھی اپنے ہی گھر کی تلاش باقی ہو
مگر نگاہ کے آگے سے اب تو ہٹ جائے
بہشت زاد نظاروں کا خوشنما یہ حجاب
یہ تیرگی کی نوازش یہ روشنی کا عتاب
پھر ایک بار جو ہو جاؤں راندۂ فردوس

تو اس نگاہ کو جیسے اک آس مل جائے
کہ پھر اسی طرح شاید کوئی زمیں مل جائے
اگرچہ وہ بھی کبھی اک بہشت بن جائے
مگر نگاہ کو فی الحال اک سکوں تو ملے
کہ اب تو درد کی میراث ختم ہو جائے
نظارگی تو بہت ہو چکی ہے رنگوں کی
نظر کو اب کسی نادیدگی کی دید سہی
وہ اس بہشت کی تخریب کے دھماکے ہوں
کہ اُس زمین کی ناداریوں کے ویرانے
کسی بھی طور کوئی شکل مختلف تو ملے !

خیال گاہِ مقدس میں
نوید تھی کہ طلسمِ کہن بس اب ٹوٹا
بس ایک لغزشِ پائے حیات
بس ایک جنبشِ دستِ گناہ
پہنچ رہا ہے جو کالے پھلوں کے پاس
پھر اس کے بعد
نیا جنون نئی راہ
نئی زمیں — نئی دنیا
اٹھے ہوئے ہیں ابھی ہاتھ
پہنچ رہے ہیں جو کالے پھلوں کے پاس

خیال گاہ میں اک شور سر اٹھاتا ہے
خیال گاہ مقدس میں !
یہ ایک چھوٹا خیال
یہ ایک خدشۂ ناپاک و ناخلف
کہاں سے آیا یہ منحوس وسوسہ
کہ اس سہمی ہوئی جنت کے خون سے آگے
وہاں — ادھر —
کسی شئے کا اگر
نشاں ملا ہی نہیں
نئی زمیں نئی دنیا اگر ملی ہی نہیں !